TEC
ACPL
DISCA
D0478940